S MANUFACTURES SALVIATI & Cᴵᴱ

A VENISE ET MURANO

MOSAÏQUES

VERRES SOUFFLÉS DE MURANO

VERRES COLORÉS POUR VITRAUX

PAR

Le Dʳ Antoine SALVIATI, avocat

Chevalier de l'Ordre des saints Maurice et Lazare,
Membre de la Société ecclésiologique de Londres, de l'Académie olympique de Vicence, etc

---

EXPOSITION UNIVERSELLE DE 1867

(MÉDAILLE D'OR)

PARIS

IMPRIMERIE PARISIENNE, L. BERGER

5, IMPASSE DES FILLES-DIEU

1867

MOSAÏQUES

VERRES SOUFFLÉS DE MURANO

VERRES COLORÉS POUR VITRAUX

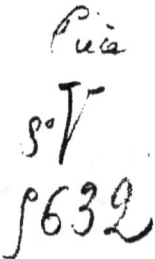

MANUFACTURE

A VENISE
731, CAMPO S. VIO
CANAL — GRANDE

<table>
<tr><td>DÉPOT
431, Oxford street
LONDRES</td><td>DÉPOT
25, rue d'Hauteville
PARIS</td></tr>
</table>

LES MANUFACTURES SALVIATI & CIE

A VENISE ET MURANO

MOSAÏQUES

VERRES SOUFFLÉS DE MURANO

VERRES COLORÉS POUR VITRAUX

PAR

Le Dr Antoine SALVIATI, avocat

Chevalier de l'Ordre des saints Maurice et Lazare,
Membre de la Société ecclésiologique de Londres, de l'Académie olympique de Vicence, etc

---

EXPOSITION UNIVERSELLE DE 1867

PARIS

IMPRIMERIE PARISIENNE, L. BERGER

5, IMPASSE DES FILLES-DIEU

—

1867

MOSAÏQUES

Le public qui visite une exposition sent peut-être plus que tout autre le besoin de connaître les choses que l'on présente à son examen, de pénétrer leur véritable nature, leurs caractères, leurs usages et leur utilité. S'il rencontre une production lui paraissant tout à fait nouvelle, il aime à recueillir sur son compte tous les renseignements possibles, afin de la bien juger et de s'en faire une idée exacte. S'il s'agit de la reproduction d'objets dont la fabrication était autrefois célèbre, il éprouve le besoin de savoir si ces objets ont été reproduits fidèlement. Il se demande si l'on a vraiment réalisé des progrès au bénéfice de l'art, et comment on est arrivé à retrouver d'anciens procédés, oubliés depuis long-temps. Il veut savoir, enfin, quelles sont les chances d'avenir de la manufacture nouvellement fondée, et à quelles conditions elle peut se développer et se perfectionner. C'est aussi bien pour satisfaire sa curiosité légitime, en ce qui touche l'origine et l'ave-nir des industries et des arts exposés, que pour agrandir ses con-naissances en examinant leurs produits, et juger s'ils peuvent s'adapter à ses besoins, que le visiteur vient au Palais du Champ-de-Mars, et c'est à ce double point de vue qu'il désire être éclairé.

Il est donc tout naturel qu'en visitant l'exposition du Dr Sal-viati, de Venise (section italienne, classes 14, 15 et 16), et en voyant réunis dans un seul compartiment, sous une seule raison sociale, Salviati et Ce, les produits nombreux et variés de trois industries : les *mosaïques en émail*, les *verres soufflés de Murano*, les *verres colorés pour vitraux*, ces trois arts restaurés tout récemment à Venise, où ils étaient jadis splendidement et presque exclusivement cultivés, mais qu'une déchéance progressive, résultat des vicissitudes politiques de cette malheureuse ville, fit peu à peu abandonner et presque complétement oublier; il est tout naturel, dis-je, que quelques-uns des protecteurs des arts, qui s'intéressent spécialement à ceux-ci et au pays témoin de leur naissance et de leur grandeur, se fassent les questions suivantes :

— Quels sont, en réalité, les arts et l'industrie qu'on entend faire revivre? — Comment un homme seul, pourvu d'un capital limité et ayant à lutter contre des difficultés de toutes espèces, a-t-il eu le courage d'abandonner sa profession libérale et rémunératoire d'avocat, pour se lancer dans une voie inconnue et périlleuse, pour entreprendre de faire revivre des arts et une industrie depuis si longtemps oubliés?

A-t-il vraiment réussi dans cette entreprise presque téméraire? et les succès déjà obtenus, ainsi que ceux que l'on peut raisonnablement espérer, promettent-ils un avenir digne du passé glorieux des arts rénovés, et seront-ils une source de gloire et de prospérité pour son pays?

C'est pour répondre à ces questions, que je me suis décidé à publier la présente brochure.

Je tâcherai, pour la rendre moins longue et moins aride, de ne toucher qu'à vol d'oiseau les questions posées, en les examinant aux points de vue historique, artistique et économique, sauf à satisfaire les justes exigences de ceux qui désirent des renseignements détaillés, par la traduction et la publication, que j'entends faire, du mémoire que j'ai lu devant plusieurs sociétés artistiques de l'Angleterre, dans les années 1865 et 1866.

En 1859, les splendides mosaïques qui ornent et couvrent la basilique de Saint-Marc, à Venise, se trouvaient dans un état de complet abandon, bien qu'elles eussent besoin de réparations complètes et radicales; on alléguait pour excuses d'une telle incurie la perte déplorable des connaissances techniques dans la production de la matière première pour la mosaïque (*émaux d'or, d'argent et de toutes couleurs*), et l'absence absolue de ces écoles, jadis si florissantes et si utiles au maintien et au progrès de cet art, aussi bien que le manque de maîtres mosaïstes dignes de remplir une tâche aussi délicate et aussi difficile.

Chaque fois que j'entrais dans ce temple merveilleux que Théophile Gauthier a si justement défini « une grande Bible d'or, un temple intellectuel, » et dont il a dit qu'il est plutôt le temple du Verbe que l'église de Saint-Marc ; dans ce temple où la religion et l'art ont imprimé d'une façon si glorieuse et presque unique leur sceau immortel, un profond sentiment de honte me saisissait. Est-il bien possible, me disais-je, que Venise, après avoir devancé toutes les autres nations dans le perfectionnement de cet art, qu'elle avait importé de Bysance (1) ; après avoir donné le jour à ces célèbres artistes, sortis de ses écoles de mosaïques, auxquels Titien, Paolo, Tintoretto, etc., ne dédaignaient pas de fournir des cartons ; après avoir atteint la suprême perfection dans la production des émaux, notamment de ceux qu'elle fournissait dernièrement encore à Rome ; est-il possible que Venise se trouve maintenant dans un tel état de décadence et d'incurie, qu'elle ne puisse même pas réparer ses propres mosaïques, et qu'en voyant s'écrouler les nobles restes des merveilles du moyen-âge, elle n'éprouve pas de remords de n'avoir su conserver le grand héritage que nous ont légué nos illustres ancêtres ?

Ces sentiments trouvèrent dans mon âme un écho plus retentissant encore lors de ma visite au grand établissement de mosaïque du Vatican. — Là, en effet, j'ai pu contempler les prodiges que l'on était arrivé à réaliser dans cet art. J'ai dû me rappeler, forcément et douloureusement, combien Venise avait contribué, sous ce rapport, à la gloire de Rome (2). Et c'est à partir de ce moment que je me suis donné comme tâche la restauration de l'art de la mosaïque à Venise, ma patrie.

Pourtant, cette tâche n'était point facile.

Je me suis borné, d'abord, à la fabrication des matières premières, c'est-à-dire à celle des émaux *d'or*, *d'argent*, et de *toutes*

---

(1) Lanzi, dans son livre « *Storia pittorica della Toscana,* » après avoir raconté les vains efforts faits par les Florentins pour décorer la chapelle de St-Zenobio, ajoute : « Il semble vraiment que la gloire de faire des mosaïques fût réservée à Venise. »

(2) Il n'est pas inutile de rappeler que Venise avait donné à Rome des mosaïstes dans le XIIᵉ siècle. Le pape Sixte-Quint, pour instituer le grand établissement de mosaïques du Vatican, se servit du célèbre artiste vénitien Marcello Provenciali. Ce fut un autre Vénitien, Luigi da Pace, qui, à Rome, reproduisit en mosaïques les dessins de Raphaël. C'est également un fait historique, que Rome demanda aux « inquisiteurs des arts » de la République une pâte (ou composition) vitreuse colorée en rubis, pour ses mosaïques.

couleurs : ce qui constitue la branche principale de l'art de la mosaïque ; fabrication qui n'est pas si aisée qu'on pourrait se l'imaginer, en la voyant aujourd'hui, d'après mon exemple, essayée par plusieurs industriels, même en Angleterre. Elle est entourée, au contraire, d'obstacles sérieux, et hérissée de difficultés nombreuses. A ce point, que pour savoir donner à la mosaïque l'aspect réel d'un tableau, tout en lui assurant une durée presque éternelle, il ne suffit pas seulement de connaître les principes généraux de ce genre de fabrication ; mais il faut encore, et surtout, avoir fait des études sur les anciens émaux de différentes époques ; il faut de laborieux essais, renouvelés sans cesse, et sans parcimonie (1).

(1) Pour ceux de mes lecteurs qui voudraient avoir une idée plus précise des émaux ou matière première des mosaïques, d'après les systèmes des anciens, je peux donner la description et les renseignements qui suivent :

Les *émaux colorés* sont faits d'une pâte ou composition vitreuse. Ils sont formés des mêmes matiè es, siliceuses et autres, que le verre ordinaire ; mais à ces matières viennent s'ajouter d'autres substances minérales qui, convenablement préparées et mélangées ensemble, donnent à la pâte sa densité, son excessive dureté et sa couleur. — C'est à l'aide de ces moyens que s'obtiennent le degré voulu d'opacité, la pureté et la solidité des émaux, et aussi la beauté, la douceur et la grande variété de leurs couleurs ; et ces qualités si diverses dépendent autant de la quantité et de la qualité des éléments minéraux qui se combinent avec ceux du verre ordinaire, que du degré de chaleur continue à laquelle la composition est soumise pendant la fusion. — Quand les émaux colorés sont fabriqués avec beaucoup de soin et de science, ils rendent absolument le même effet que la peinture elle-même. A beaucoup d'égards, une œuvre de mosaïque (en émail) entièrement réussie est supérieure à la peinture, par suite de son plus de brillant et de la transparence de ses couleurs, aussi bien qu'à cause de la facilité avec laquelle elle peut être lavée et nettoyée. — Les émaux sont beaucoup plus durables que toute autre substance employée dans la composition de la mosaïque, que ce soit de la pierre, du marbre ou de l'argile : cela provient de ce qu'ils ont moins de porosité et de dilatabilité que tout autre corps. — Si au contraire ces émaux ne sont pas préparés avec tout le soin nécessaire, il en résulte que par leur trop grande transparence, par leur mauvais mélange ou par l'imparfaite proportion de leurs éléments, ils ne peuvent plus rendre l'effet de la peinture ; la couleur devient douteuse, faible et presque insensible, et l'on s'aperçoit plus tard que la mosaïque n'est pas susceptible de supporter les atteintes de l'humidité, de la fumée, et de tous les changements atmosphériques.

Les *émaux d'or et d'argent* sont le résultat d'une opération toute différente. Sur une surface de verre épais ou d'émail, suivant que l'on désire rendre l'émail d'or transparent ou opaque, on place une feuille d'or ou d'argent qui s'y attache principalement par l'action du feu, puis on le recouvre d'une couche du verre le plus pur, celui-ci étant à volonté ou incolore, ou de la teinte que l'on désire. Quand l'opération est bien faite, ces trois couches entrent en fusion et s'assimilent si bien l'une à l'autre, qu'elles forment bientôt un corps homogène. Le métal est désormais et pour toujours à l'abri de toutes attaques : il n'a rien à redouter, ni de l'action atmosphérique, ni de la poussière, ni du gaz, ni de la fumée, ni des insectes, et il est à tel point inaltérable, qu'il ne perdra rien de son brillant ni de son éclat, fût-il exposé à l'air pendant des siècles. Quand le contraire se produit, il arrive que si la couche supérieure du verre n'est pas extrêmement mince, le métal reste comme enseveli entre les deux couches de verre ; et l'œil est arrêté par le brillant du verre plutôt que par celui de l'or : de

Comptant sur les traditions du pays, autant que sur l'aptitude toute spéciale de nos verriers, et surtout sur le talent remarquable et sur l'habileté supérieure de l'un d'eux, Laurent Radi, j'ai commencé le cours de mes expériences, et j'ai pu bientôt concevoir l'espérance d'atteindre mon but. Et de fait les résultats obtenus ont presque dépassé mon attente. Parmi les témoignages flatteurs accordés à ma fabrication par plusieurs corps scientifiques, je me bornerai à citer celui dont je suis peut-être le plus fier. Il émane de l'Académie royale des Beaux-Arts de Venise (Avis officiel donné le 22 janvier 1861).

« Les émaux de toutes espèces qui nous ont été soumis par le
« Dr Salviati sont supérieurs à tous ceux qu'on a précédemment
« obtenus, non-seulement aux émaux fabriqués dans les temps
« modernes, mais encore en grande partie à ceux faits ancienne-
« ment pour toutes sortes de mosaïques. »

Je voudrais ajouter aussi que j'ai eu l'honneur et le privilége de fournir à l'administration de la Basilique de Saint-Marc une quantité considérable d'émaux pour la réparation des anciennes mosaïques, et dont la valeur s'est élevée à 150,000 francs. Mes commettants ont été tellement satisfaits, qu'en février 1861, ils ont traité avec moi pour les émaux dont ils pourraient avoir besoin pendant une période de quinze années.

Je crois qu'il ne sera pas inutile de faire ici mention des nombreuses améliorations qui, de temps à autre, ont été introduites dans ma fabrication pour la production des émaux. Outre la grande variété de teintes des *émaux colorés*, et les tons différents donnés aux *émaux d'or et d'argent*, de façon à produire les effets convenables d'ombre et de lumière, j'ai réalisé deux autres améliorations très-importantes, en ce sens qu'elles semblent n'avoir pas été connues des anciens.

Grâce à la première, j'obtiens des morceaux d'émail d'or d'une grandeur notable, ayant une surface moulée et cintrée : ce

sorte que la mosaïque paraît vernie par dessus. D'un autre côté, si l'on n'est pas capable de prévenir, dans le cours de la fabrication, l'introduction, entre le verre et le métal, de globules d'air, la légère couche de verre tend à se séparer, tôt ou tard, du métal. Tous ces défauts se rencontrent même dans quelques-unes de ces mosaïques anciennes qui ont été faites aux époques où la partie technique de la fabrication des émaux n'était qu'imparfaitement connue, ou la fabrication elle-même peu soignée.

qui leur permet de prendre les formes les plus variées, et d'être employés à tous les genres d'ornementation. Ainsi nous pouvons produire, avec l'émail d'or en relief, des cadres pour tableaux et miroirs de toutes grandeurs et de tous modèles, des feuilles d'ornement, des rosettes, des têtes et des figures d'animaux, des colonnes en spirale et cannelées, etc., et nous pouvons créer des articles d'ameublement ornementé, faits d'une matière dorée impérissable; car l'or étant couvert d'une surface de verre qu'on n'en peut séparer, est ainsi à l'abri de la poussière, des insectes et des influences atmosphériques. Grâce à la seconde, on réussit à graver sur la feuille d'or, avant de la renfermer entre les deux couches de verre, des noms, des chiffres, et en général toutes espèces d'inscriptions.

Mais je ne pouvais me borner à la reproduction des anciens émaux. Je me sentais entraîné vers un but bien plus lumineux, c'est-à-dire à la restauration complète de l'art de la mosaïque (sauf à entreprendre plus tard celle des verres soufflés et colorés), et à rendre ainsi à Venise une des plus nobles sources de son ancienne prospérité. Cette tâche me parut facile ; car s'il est vrai, d'un côté, que la société actuelle n'est pas disposée à faire de fortes dépenses pour les articles de luxe, même pour ceux qui présentent un caractère d'utilité pratique, il est vrai aussi que les besoins de notre temps sont si multipliés, qu'une industrie artistique a de grandes chances de réussite, pourvu qu'elle associe la beauté à l'utilité des produits. De cette façon, on ouvre un large champ à l'écoulement de ces produits, surtout si l'on peut, par la découverte de moyens capables de diminuer les frais de production, mettre les produits en question à la portée de toutes les classes sociales, en les donnant à des prix modérés. Le temps n'est plus où l'on voulait de l'art pour l'art, uniquement pour jouir du beau. La société actuelle est plus positive. On aime d'autant plus le beau qu'il est plus utile, et qu'il est d'un prix moins élevé. De cette vérité est sortie une des plus belles conceptions de la science économique de nos jours : l'*Application de l'art à l'industrie.*

Mais pour que cette idée soit fertile, pour qu'en la transportant sur le terrain de la pratique, on puisse entrevoir un avenir certain, il faut le concours de quatre conditions essentielles :

1° Qualité des matières premières, efficacité des systèmes de production et de perfectionnement;

2° Habileté des artistes et des ouvriers, et application raisonnée de sages maximes d'économie industrielle et sociale dans la division et la distribution du travail, ainsi que dans l'amélioration intellectuelle et morale de l'ouvrier;

3° Réduction dans les prix, afin de rendre l'industrie artistique abordable à toutes les classes de la société;

4° Possibilité de l'exploiter largement en multipliant ses applications.

Quant à la première condition, j'espère avoir ci-dessus démontré que je l'ai remplie.

Pour la seconde, j'y ai prévu en créant à Venise une école de mosaïque, et en choisissant mes premiers artistes parmi les membres de l'école de peinture de l'Académie royale des Beaux-Arts de Venise, et même en enseignant aux élèves les principes de la géométrie et du dessin. Si l'on considère, en outre, que les Véniliens ont toujours eu un instinct profond de la couleur (1) et des aptitudes particulières pour l'art de la mosaïque, chose assez naturelle dans une ville où les jeunes gens entourés, dès leur enfance, de produits anciens de tous les genres et de tous les styles, peuvent se renseigner et s'instruire continuellement; que je n'ai épargné ni peines, ni argent, ni voyages, même les plus lointains, pour étudier les meilleurs modèles; si, enfin, le visiteur de mon Exposition veut bien examiner les différents genres de travaux en mosaïque qui s'y trouvent exposés, et si le lecteur a la patience de lire ce que je dirai plus loin de l'organisation de ma manufacture, on pourra peut-être conclure que, sous ce rapport aussi,

---

(1) J'aime à citer quelques mots prononcés par J. Ruskin dans son livre si universellement connu : *Les pierres de Venise.*

De tous les bienfaits que le Créateur a répandus sur nous, la couleur est, pour notre organe visuel, le plus saint, le plus divin, le plus solennel... Les esprits les plus purs, les plus recueillis, sont ceux qui aiment le plus la couleur... Il en est de la couleur comme de l'oreille en musique : c'est un don accordé aux uns, refusé aux autres; et les Vénitiens méritent d'être signalés comme le seul peuple d'Europe qui paraisse partager le grand instinct des races orientales, pour la perception de la couleur au plus haut degré. Sans doute il leur a fallu faire venir des artistes de Constantinople, pour exécuter les premières mosaïques de Saint-Marc; mais ils ont pris rapidement le dessus, et ils ont développé d'une manière plus mâle le système dont les Grecs leur avait donné l'exemple.

cette manufacture possède à un rare degré les éléments d'existence capables d'assurer sa prospérité (1).

Quant à la troisième condition, c'est-à-dire la modicité des prix, j'entends prouver que non-seulement il n'y a pas de comparaison entre les frais de production des œuvres anciennes de mosaïque et ceux qu'entraîne aujourd'hui la fabrication des mêmes

(1) C'est mon opinion que lorsqu'on fait une exposition publique des produits d'un art quelconque, il faut viser à présenter aux yeux et à l'esprit des visiteurs, qui ont généralement des goûts différents, toutes les ressources dont cet art est susceptible, ainsi que les manières et les styles divers dans lesquels il a été traité par les anciens, ou peut l'être par nous. C'est ainsi que notre exposition, qui, au premier abord, présente un aspect confus, à cause de la masse imposante et de la quantité si variée des objets qui y sont étalés, gagne à être considérée d'une façon détaillée. Notre but principal a été de donner, autant par des travaux originaux que par des copies des plus célèbres mosaïques anciennes, encore existantes aujourd'hui, une idée de tous les styles, de tous les âges, et de chacune des manières propres aux nations anciennes et modernes. C'est une histoire illustrée de l'art que le visiteur a sous les yeux dans une collection pareille. En même temps, l'exposant a le double avantage de mettre en évidence et de soumettre au jugement du public le degré de capacité et de perfectionnement de ses manufactures, et d'élargir le champ de ses entreprises, en augmentant sans cesse les chances de commandes et de travaux, puisqu'on a la preuve, de *visu*, que ces manufactures peuvent satisfaire tous les goûts et tous les désirs, et la garantie qu'elles rempliront dignement toute tâche qui leur sera confiée.

C'est ainsi qu'on peut reconnaître, dans la partie de notre exposition de mosaïques, de fidèles et dignes reproductions des tableaux et ornements qui suivent : Une figure représentant Saint-Nicolas, et une pièce d'ornement existant dans l'église de Sainte-Sophie à Constantinople, style byzantin (cette dernière avait été recouverte de plâtre par les Turcs); une figure de Christ assis sur le trône, attribuée à *Mastro Pietro*, existant au-dessus du grand-autel, dans la basilique de Saint-Marc à Venise (xive siècle); celle de Saint-Ézéchiel, dont l'original, exécuté d'après les cartons de Titien, existe dans la même église (xvie siècle); celles de plusieurs autres saints et de plusieurs ornements, dont les originaux existent dans l'église susdite, et qui sont des styles grec, byzantin et moderne des xiiie, xive, xvie. xviie siècles; celle de la Madone. debout sur un champ d'or, qui couvre l'abside de San Donato à Murano (xiiie siècle); celle de la cathédrale de Monréale, près de Palerme style grec du xiie siècle). Parmi les travaux originaux, il suffit de citer les suivants : Le portrait de S. M. l'Empereur Napoléon III, d'après une copie de l'original peint par Winckelhalter; celui de S. M. Victor-Emmanuel, roi d'Italie, d'après le tableau du peintre vénitien Carlini; la grande figure, sur champ d'or, représentant l'évêque anglais G. Wickham, commandée par le Musée Kensington de Londres, et exécutée d'après le carton donné par le même musée; onze figures de rois, reines et illustres prélats anglais, *fac simile* d'autant de tableaux en mosaïque qui font partie de la grande collection des illustres personnages dans la chapelle royale cardinal Wolsey Chapel' à Windsor, travail qui est en cours d'exécution, et qui a été commandé par S. M. la reine Victoria d'Angleterre, d'après les cartons de MM. Clayton et Bell, sous la direction de l'architecte G. G. Scott, R. A.; le tableau représentant le *Souper d'Emmaüs*, d'après le dessin de M. le professeur Klein, de Vienne (style gothique allemand); le portrait du guerrier hongrois Ràkoczy, d'après la peinture à l'huile, possédée par le comte Zichy; deux portraits du Titien; deux portraits de Son Altesse le prince Albert d'Angleterre; et en outre, une quantité d'autres figures et ornements, en styles arabe, mauresque, gothique (anglais, italien. allemand) et de la Renaissance, ainsi que les applications aux pierres sépulcrales, cheminées, portails, meubles, presse-papiers et objets de bijouterie. etc.

ouvrages, mais encore qu'on peut maintenant fournir la mosaïque (surtout lorsqu'il s'agit de travaux de décoration architecturale) à des prix qui, s'ils étaient connus de la généralité du public, n'effrayeraient certainement plus tous ceux qui, ignorant encore l'existence de notre manufacture, sont maintenus dans l'erreur, ne pensant pas que, en général, nos prix sont au niveau de ceux des vitraux peints, et ne croyent pas possible que ce genre de décoration puisse trouver un emploi presque usuel. La raison d'une si grande différence entre nos prix et ceux d'autrefois dépend autant des améliorations et des facilités que j'ai apportées à la fabrication des émaux (ce qui diminue considérablement les frais de production des matières brutes), que du système tout spécial que j'ai introduit dans la fabrication des mosaïques, surtout monumentales, et qui diffère essentiellement de celui suivi par les anciens et même par les autres manufactures modernes. Cette nouvelle méthode de fabriquer la mosaïque, différente, pour la mise en œuvre, de celle employée par nos pères, l'égale, si elle ne la surpasse, quant aux résultats. Autrefois (et c'est encore ainsi que procèdent les artistes romains et russes), la mosaïque se travaillait sur l'emplacement même qu'elle était destinée à décorer : le mosaïste, après avoir préparé la surface de la muraille et l'avoir revêtue d'une couche de mastic, composait son sujet en plaçant les émaux morceaux par morceaux. On comprend que ce genre de travail occupe nécessairement une longue période de temps, et doive revenir à un prix élevé, par la raison qu'un seul artiste, deux ou trois au plus, peuvent travailler à la même place. Bien plus simple est la méthode que j'emploie. Je fabrique la mosaïque pour la décoration intérieure et extérieure, et même alors qu'elle a une destination étrangère, dans mon établissement de Venise: on l'expédie toute faite là où elle doit être appliquée, toute prête à être posée sur le mastic, que la surface soit verticale, horizontale ou sphérique. Aussi puis-je rapidement produire un ouvrage, quelle qu'en soit la grandeur et l'importance ; car, par une heureuse division du travail, de nombreux artistes et ouvriers peuvent s'y employer à la fois, et cela dans la proportion de leur habileté et de leurs capacités.

Si l'on songe au bas prix de la matière brute, au taux peu élevé des salaires à Venise, à l'aptitude spéciale des Vénitiens pour ce genre de travail, et à l'incomparable source d'instruction qu'ils possèdent dans les ouvrages anciens dont ils sont entourés, on comprendra que je puisse produire tous les genres de mosaïque monumentale dans des conditions artistiques toutes particulières, et dans des conditions de bon marché et de rapidité qui mettent ce genre de décoration à la portée de toutes les classes de la société. J'ajoute même qu'il n'y a pas lieu de craindre la concurrence; car ceux qui songeraient à m'imiter se trouveraient, relativement à moi, dans des conditions très-défavorables (1).

Quant à la quatrième condition, c'est-à-dire à la possibilité de l'exploitation, sur une grande échelle, des manufactures de mosaïques, il suffit, pour s'en rendre compte, d'avoir conçu une idée exacte de la nature et de la qualité des émaux. Ne doivent-elles pas, en effet, être infinies, les applications d'une industrie qui, associée à toutes les ressources de la fantaisie et du génie humain dans l'art de la peinture, fait usage à la fois des couleurs les plus brillantes, les plus variées, les plus saillantes, et d'un procédé de dorure indestructible? Par la description que j'en ai donnée, et surtout par l'examen des produits exposés, on peut voir combien ce genre de décoration est applicable aux peintures, aux ornements, aux inscriptions des murs, plafonds, prie-dieu, chaires, fonts baptismaux, aussi bien à l'intérieur qu'à l'extérieur. Il peut aussi s'appliquer à l'ornementation des maisons d'habitation, des salles publiques, des fontaines monumentales, même dans les parties où jouent les eaux, des théâtres, des bains, des portes des édifices publics et privés, des tombes et des mausolées dans les églises et les cimetières; enfin, quand la mosaïque est lisse, unie et polie (ce qu'on appelle mosaïque incrustée ou marqueterie), on en fait les plus beaux articles de *bijouterie*, tels que bracelets, chaînes de cou, broches, agrafes, épingles, etc.

(1) Afin de mettre cette question en pleine lumière, je ne saurais mieux faire que de donner ici un exemple : La première commission que je reçus de Sa Majesté la Reine d'Angleterre, sur la proposition du célèbre architecte G. G. Scott, R. A., fut de revêtir le plafond à arètes de la Chapelle de Wolsey, au château de Windsor, de mosaïque d'émail vénitienne. Le dessin comprenait quatre-vingt douze figures, sans parler des inscriptions, médaillons, armes, ciniers, devises, emblèmes héraldiques et sacrés, feuillage, etc., etc L'œuvre, dans son ensemble, comprenait 2,100 pieds carrés de superficie, et il me fut possible de l'exécuter et de la fixer en l'espace de dix mois, y compris le temps nécessaire au transport, à la préparation du mastic, à l'échafaudage, etc., le tout au prix de £ 4,725 environ 118,000 francs. Si cette œuvre (qu'on pourrait aujourd'hui fournir à un prix encore plus modéré) avait été exécutée d'après la méthode des anciens, il aurait fallu des années pour l'achever, et le prix minimum eût été de plus de 500,000 francs.

Ces nombreuses applications de l'art de la mosaïque ne sont pas un jeu de l'imagination : ce sont des faits accomplis, comme le prouvent les échantillons exposés, et plus encore, les travaux que j'ai faits et ceux que j'exécute chaque jour, pour tous genres de décoration, et pour de nombreux commettants, aussi bien en Europe qu'ailleurs.

Si j'aborde la nomenclature de mes succès, c'est non-seulement parce qu'ils intéressent tous ceux qui tiennent à être renseignés sur la marche de la nouvelle industrie artistique, mais encore parce qu'ils se rattachent à son histoire, et parce qu'ils permettent d'apprécier les progrès accomplis, aussi bien que la condition économique du pays où cette industrie est cultivée.

Les premiers grands travaux que j'ai exécutés en mosaïques furent la décoration (en mosaïque lisse et unie) d'un grand parquet, puis celle (en mosaïque monumentale) des parois inférieures d'une immense salle du palais de Meks, en Egypte, sur la commande faite, en 1860, par S. A. le feu vice-roi d'Egypte. Ces travaux ont coûté près de 250,000 francs.

En 1861, répondant à l'appel de mon pays, je me suis présenté à la première Exposition nationale italienne, à Florence, et le Jury, en m'accordant six médailles d'honneur pour autant de produits, différant de nature et de caractère, dans les branches variées de mon art, commenta ainsi son verdict :

« Les produits de cette fabrique vénitienne, bien qu'apparus les derniers dans cet auguste temple des arts, surpassent tous les autres en splendeur, en bon goût, en originalité.» En même temps le Comité des exposants romains et vénitiens dit :

« Les produits exposés par l'établissement du D' Salviati pourraient à eux seuls relever la glorieuse réputation de l'industrie vénitienne. »

En 1862, mon industrie parut à l'Exposition internationale de Londres, mais dans de bien plus vastes proportions. En réalité, il n'y eut pourtant que trois branches d'industrie exposées par moi (je n'avais, à cette époque, pas encore entrepris la restauration des deux autres arts vénitiens, « les verres soufflés de Murano » et « les verres colorés pour ritraux »), savoir : les matières premières de la mosaïque, c'est-à-dire des *émaux d'or*, *d'argent* et *colorés*, — des *mosaïques* en plusieurs genres et styles, avec application à l'art architectural et décoratif, ainsi qu'au mobilier et à la bijouterie — des imitations de *chalcédoines-agates*, aussi bien fondues que soufflées, incrustées sur bois et sur marbre, en même temps que sous formes de vases, gobelets, verres, etc. — Le Jury de cette Exposition, qui me décerna la grande médaille d'honneur, et les visiteurs (surtout les architectes, les amateurs et le clergé), ont été unanimes pour faire l'éloge de mes produits (1).

A partir de ce jour, on peut constater les étonnants succès qu'a obtenus cette nouvelle manufacture. Avant la clôture même de cette Exposition internationale, je réussis à obtenir de la cathédrale de Saint-Paul, à Londres, la commande d'un tableau (en mosaïque monumentale de la grandeur de 250 pieds carrés) qui devait ouvrir la série des sept autres placés sous la grande coupole de la même cathédrale ; et j'obtins de S. M. la reine d'Angleterre la commande de couvrir toute la voûte intérieure de la chapelle Wolsey, à Windsor. Depuis les commandes se sont multipliées, les succès sont devenus plus grands et plus universels : j'ai donc la satisfaction de pouvoir prouver, par l'irrésistible logique des faits, que j'ai réussi à faire connaître, aimer et employer de tous, la mosaïque vénitienne pour tous genres d'ornementation architecturale

1. Sans ennuyer le lecteur par les nombreuses citations de la presse anglaise sur ces produits, je me contenterai de reproduire quelques notes du *Times* (26 juin 1862) et de l'*Observer* :

« La beauté des produits du Dʳ Salviati, dit le *Times*, attire tant de visiteurs, qu'ils ne peuvent même pas être contenus dans la salle où ces produits sont exposés. Nous pouvons affirmer que ce sont les imitations les plus heureuses des anciennes mosaïques byzantines que l'art moderne ait produites. Elles les égalent et les surpassent même dans la plupart de leurs qualités... M. Salviati peut produire tous les effets dont est susceptible l'art de la mosaïque... Nous avons sous les yeux de nombreux exemples de la facilité que possède la manufacture du Dʳ Salviati de produire toute espèce de travaux, depuis les grandes mosaïques pour le pavé (dallage) et les églises, jusqu'aux broches les plus exquises, bracelets, pendants d'oreilles. Et ces bijoux sont d'autant plus attrayants, qu'ils sont montés dans le goût particulier de la joaillerie vénitienne. Très-importante aussi est la restauration de l'art d'imiter la chalcédoine. Pour la beauté des formes et la grande variété de leurs teintes, ses vases peuvent rivaliser avec tout ce qui nous est resté de l'art ancien. »

« Parmi les œuvres d'art, dit l'*Observer* (2 juin 1866), qui possédaient une force d'attraction et de fascination sur ceux qui visitaient la dernière Exposition universelle, il faut placer en première ligne les remarquables mosaïques de M. Salviati... elles excitaient l'admiration générale. Les premiers artistes et architectes (tels que M. S. S. Scott, R. A., M. C. Penrose, etc.) cherchent l'occasion d'introduire dans leurs ouvrages cette belle décoration; et parmi ceux qui, les premiers, ont accordé leur patronage à cet art qui vient de renaître, il faut citer S. M. la reine Victoria, le doyen de saint Paul, le chapitre de Westminster, etc. »

et décorative dans plusieurs nations d'Europe, aussi bien qu'en Egypte et en Amérique. Déjà les plus célèbres monuments d'Angleterre, de style ancien ou moderne, possèdent mes mosaïques. — Dans l'abbaye de Westminster, j'ai placé un grand tableau représentant la Cène, et destiné à former le rétable du grand-autel de cette abbaye (1).

En exécution de deux autres commandes reçues successivement de S. M. la reine Victoria, j'ai couvert le vestibule intérieur du mausolée royal à Frogmore, et une grande partie des murs de la chapelle Wolsey, à Windsor. C'est de cet ouvrage que font partie les onze figures dont j'ai parlé ci-dessus.

J'ai exécuté plusieurs tableaux représentant des artistes anciens en grandeur naturelle, sur fond d'or, et commandés par le musée Kensington, de Londres. — Déjà, dans plus de cinquante églises protestantes ou catholiques d'Angleterre, il y a des mosaïques vénitiennes que j'ai placées sur les autels, les murailles, les chaires, les pavés, les fonts baptismaux, etc.— Il y en a aussi dans la crypte et sur la grande cheminée de la salle du trône au palais du Parlement. — Dans les cimetières, à Brompton et à Weybridge, on voit des tombes décorées de mes mosaïques.— En outre, dans plusieurs châteaux et maisons d'habitation, les appartements et le mobilier ont été décorés des mosaïques de ma manufacture.

Je pourrais citer aussi plusieurs ouvrages en mosaïque faits pour la Prusse, pour la Belgique, et même pour l'Amérique. Je me bornerai à rappeler la grande pierre sépulcrale qui se trouve maintenant dans une église de Philadelphie, en haut de laquelle on voit en mosaïque, sur fond d'or, le portrait du poëte et orateur Béthune, et, en second lieu, celui du président Lincoln, que

---

(1) Je dois avouer que je suis fier pour mes artistes de l'heureuse exécution de ce travail. La presse anglaise en a si flatteusement parlé, que l'*Art-Journal* va jusqu'à dire : « Ce tableau a été reconnu comme la meilleure production artistique qu'on ait vue chez nous dans ces derniers temps (octobre 1866). »

C'est avec plaisir que je cite, parmi mes artistes les plus distingués et mes plus zélés coopérateurs dans cette branche de mon industrie (sans faire tort à bien d'autres qui mériteraient un pareil honneur), les noms de Henry Podio, François Novo, Ange Donadoni, Auguste Walt, Antoine Chittolina, Ange Gagliardotti. Fidèle au principe que j'ai suivi dans les précédentes Expositions, je viens de solliciter du Jury de l'Exposition universelle une juste mention d'honneur en faveur de ces hommes d'élite, aussi bien que des frères D. A. Giobbe, de L. Radi, de A. Seguso et de J. Beroviero, occupés par d'autres travaux dans ma manufacture.

le Congrès américain a fait placer dans la salle de sa bibliothèque.

Je demande la permission de dire aussi quelques mots sur quelques-uns des travaux en mosaïque actuellement en cours d'exécution ou qui m'ont été dernièrement commandés, à cause de l'importance des monuments où ils doivent être placés. — Il y a encore sept grands tableaux pareils aux premiers déjà cités, qui seront placés sous la coupole de la cathédrale de Saint-Paul, à Londres. Nous allons incessamment commencer la décoration en mosaïque, tant à l'intérieur qu'à l'extérieur, du grand monument dessiné par l'architecte S. S. Scott, de l'Académie royale, et érigé par la nation britannique dans Hyde-Park, à la mémoire du prince Albert. — Nous avons à exécuter aussi une grande partie de l'ornementation intérieure du monument que les Anglais élèvent à Burslem, en l'honneur de Wedgwood. — Enfin, sans parler d'autres travaux destinés à Bruxelles, Cologne, Liège, Vienne, au Wurtemberg, etc., je citerai, en terminant, celui qui aura peut-être le plus d'éclat à cause de la position centrale en Europe, et de l'importance historique et artistique du monument qu'il s'agit de décorer : — je veux parler de la célèbre coupole octogonale du du temple de Charlemagne, à Aix-la-Chapelle.

Tout ce que je viens de dire sur la mosaïque ne peut certainement pas satisfaire entièrement la curiosité du public en général, ni celle des artistes et des architectes en particulier, désireux d'avoir des renseignements complets, soit au point de vue de l'art en lui-même, soit au point de vue des nombreux avantages qu'il offre à la société, soit enfin en ce qui concerne les questions et objections relatives à ses applications industrielles.

Je sais bien que lorsqu'on traite de pareils sujets, on n'en dit jamais assez. Ainsi, j'aurais dû, par exemple, dire quelques mots de l'origine de la mosaïque, de ses différentes qualités, de ses nombreuses manières d'être traitée. J'aurais dû parler de ses dénominations diverses, de son usage depuis le v⁰ siècle, en Europe et ailleurs, avec un aperçu des chefs-d'œuvres en mosaïque encore existants; — des ouvrages que l'on produit aujourd'hui, dans des styles variés et dans des contrées différentes; — des alternatives de progrès et de décadence des mosaïques plus ou moins anciennes; — de la question de savoir s'il convient de faire usage d'une riche ornementation dans les églises, surtout dans les temples protestants ; — de la grande importance et de l'influence de la couleur dans la décoration architecturale (1) ; — de la nature des mastics indispensables pour assurer aux mosaïques une durée presque éternelle ; — des études que j'ai faites sur les anciens procédés ; — de la propriété qu'a notre mosaïque en émail de servir, mieux que toute autre, à la décoration extérieure, même dans les climats septentrionaux, etc.

Voilà les sujets qu'une juste curiosité du public et des artistes devait s'attendre à voir traiter ici. Mais les limites de cet opuscule m'empêchaient d'aborder convenablement l'examen de pareilles questions. Je prie donc le lecteur désireux de se renseigner avec détail sur ce qui se rapporte à l'art de la mosaïque et à ses applications pratiques, de consulter le mémoire déjà mentionné, que j'ai lu devant plusieurs sociétés scientifiques d'Angleterre, et dont je vais publier une traduction en français, avec de nouveaux commentaires sur la mosaïque, et des détails analogues sur mes verres soufflés et mes verres colorés pour vitraux.

Si les produits de mes manufactures n'ont pu être plus tôt soumis à l'examen du public français, il faut s'en prendre aux études, voyages, travaux et occupations accablantes, qu'a jusqu'à présent nécessités la création de mes industries artistiques ; mais c'est avec empressement que j'ai profité de l'occasion qui m'est aujourd'hui offerte par la présente Exposition pour accomplir ce que je considère comme un devoir, et c'est confiant dans un public dont le sentiment artistique est si généralement apprécié, qui professe l'amour et le culte du beau dans toutes ses manifestations, et qui se rallie aux idées vraiment utiles et progressives, que j'attends cette dernière consécration des succès déjà obtenus.

Si, dans les siècles passés, on a si bien compris, et si merveil-

(1) « Ce qui donne à l'église de Saint-Marc, à Venise (dit M. Ruskin) tant de valeur comme édifice, et ce sur quoi repose notre admiration et notre respect, c'est cette couleur immuable et parfaite... Il ne s'agit pas pour le moment de savoir si nos cathédrales du Nord ont meilleur air avec ou sans couleur... Il s'agit simplement de ceci : que les constructeurs de ces cathédrales les ont enrichies des plus brillantes couleurs qu'ils ont pu trouver, et qu'il n'y a en Europe aucun monument appartenant à une école véritablement noble, qui ne soit ou peint dans son entier, ou au moins chargé de mosaïques et de dorures dans toutes ses parties saillantes. »

leusement prouvé, que la mosaïque est le meilleur moyen pour décorer d'une façon splendide, artistique et durable, les plus beaux monuments de tous genres et de tous styles ; si aujourd'hui même on commence universellement à reconnaître que la mosaïque se prête mieux que tout autre système de décoration à donner à l'ornementation des bâtiments privés la plus brillante apparence, et aux édifices sacrés le véritable caractère religieux et chrétien (1), on ne peut douter qu'en France les architectes et tous ceux qui tiennent à la production de ce qui est vraiment grand et noble, de ce qui peut donner de l'éclat et de la durée à leur nom, à leurs œuvres et à leur époque, ne tarderont pas, maintenant qu'ils le voient possible, à imiter l'exemple de nos ancêtres, et à faire usage de la mosaïque en émail, soit à l'intérieur, soit à l'extérieur des bâtiments privés et publics.

(1) « Je crois (dit encore J. Ruskin dans le livre déjà cité) que de toutes les œuvres de l'art religieux, quelles qu'elles soient, les mosaïques, celles surtout qui existent à Saint-Marc, sont celles qui ont le plus de puissance réelle, effective. Elles donnent aux murailles et aux voûtes des églises un éclat auquel on ne peut se soustraire : il n'est pas possible de ne pas voir ces mosaïques. Elles vous frappent sans que vous puissiez y échapper. Leur grandeur les rend majestueuses ; leur éloignement, mystérieuses ; et leur couleur, attrayantes au suprême degré. »

VERRES SOUFFLÉS DE MURANO

Il en est de l'activité humaine comme de ces engrenages dont la dent de fer entraîne impitoyablement l'imprudent qui s'est laissé saisir : dès qu'on s'engage dans le tourbillon industriel, on ne s'appartient plus. En vain l'on veut s'arrêter, prendre du repos, jouir des résultats obtenus: le progrès ne s'arrête pas, lui. Il faut marcher, marcher sans cesse; le mouvement, c'est la vie; et l'engrenage vous emporte dans sa rotation fatale.

Après avoir conçu la pensée, hardie, j'ose le dire, de faire revivre un art jadis la gloire et l'honneur de mon pays (celui de la *Mosaïque*), j'ai donc été amené, par la force des choses, à diriger mes efforts vers la renaissance des arts jumeaux, également tombés dans l'oubli, après une période extrêmement brillante.

Les arts des *verres soufflés* et des *verres colorés pour vitraux* ont, en effet, avec celui de *la mosaïque*, les liens de parenté les plus intimes : nés tous trois dans le même berceau, ils ont grandi et prospéré côte à côte, à l'ombre du même autel, honorés du même culte, servis par les mêmes pontifes. Je ne pouvais dès lors en relever un sans tendre aux autres une main secourable. Ma première tentative avait été couronnée d'ailleurs d'un succès si complet, qu'il m'était permis d'envisager l'avenir avec sérénité. Bien certainement la société moderne accueillerait mes verres soufflés et colorés avec la même bienveillance que mes mosaïques. L'événement a pleinement justifié mes prévisions.

Murano, cette île privilégiée, située à une demi-lieue de Venise, qui formait autrefois le plus riche joyau de la couronne ceinte au front de la reine de l'Adriatique; Murano, dont les prodiges dans l'art de la verrerie ont été célébrés par les historiens et les poètes (1); Murano, cette enchanteresse, qui a su dérober à la nature ses secrets les plus cachés et les plier à ses capricieux désirs, en les vivifiant par le souffle du talent, en les dominant et les développant par les principes et les applications de la science et de l'expérience, en les ennoblissant par leur alliance avec les lois immuables de l'art et de l'esthétique; Murano, dis-je, pouvait espérer, à bon droit, que la nouvelle étape de sa gloire artistique ne fût pas éternellement ajournée! Serait-il juste que Murano, après avoir enseigné aux autres peuples ce qui constitue maintenant un des éléments de leur prospérité et de leur grandeur, fût exclue à jamais du magnifique banquet du Progrès auquel toute nation civilisée est conviée à s'asseoir, et où elle a tenu jadis une place si distinguée, elle qui aujourd'hui encore, malgré l'énergie de la concurrence, conserve le privilége de fabriquer certains articles, tels que les perles de toutes couleurs et de toutes formes qu'on appelle *contarie*? Ne serait-il pas possible qu'elle recouvrât une partie au moins de ce grand patrimoine que tous les peuples modernes se sont partagé, sans plus s'inquiéter de celle dont ils ont recueilli l'héritage (2).

(1) Marcus Antonius Sabellicus : *De Veneto urbis situ.* — Filiasi : *Sull' antico commercio e sulle Arti dei Venezioni.* — Cicogna : *Illustri Muranesi.* — Zanetti : *Origine di alcune arti principali presso i Venezioni.* — Neumann Rizzi : *L'Isola di Mureno,* etc.

A ceux qui tiennent à être renseignés, non-seulement sur le passé d'un peuple industriel, mais encore sur ses conditions présentes et sur ses chances d'avenir, je ne saurais recommander trop vivement un livre très-savant et très-utile, récemment publié (1866) par un homme dont il faut louer hautement la belle intelligence, les connaissances étendues, et l'amour noble et chaleureux qu'il porte à son pays natal — *Guida di Murano e delle celebri sue fornaci,* — par l'abbé chevalier Vincent Zanetti, actuellement directeur du musée communal de Murano, dont l'exquise courtoisie est bien connue des étrangers qui visitent l'île. Ce livre, le seul qui ait paru en ce genre, est plus qu'un guide : c'est un recueil historique, archéologique et artistique, de toutes les curiosités, anciennes et modernes, de Murano.

(2) Tous les documents anciens conservés dans nos archives prouvent que l'art de la verrerie était cultivé à Venise et à Murano, dès les premiers temps de la République. Depuis le deuxième siècle, nous voyons tous les peuples, même les plus éloignés, recourir à Murano pour la fabrication de toute œuvre de verrerie un peu difficile; nous voyons aussi le Sénat décréter plusieurs lois pour réglementer et sauvegarder cette branche importante de l'Art et de l'Industrie, considérée comme une des plus utiles à l'État. La première des découvertes remarquables qui amenèrent plus tard de si grands résultats économiques, c'est-à-dire celle de colorier les verres pour imiter les pierres précieuses, est due aux célèbres verriers Christophe Briani et Dominique Miotti (fin du treizième et commencement du quatorzième siècle); ces deux hommes furent, dit-on, inspirés dans leurs travaux par les con-

Le touriste qui parcourt aujourd'hui la ville des Doges, et qui visite nécessairement l'île de Murano, ne peut s'empêcher de faire de tristes réflexions à l'aspect de ce peuple naguère si florissant, actuellement tombé dans un surprenant état de déchéance. Personne n'ignore que Murano comptait autrefois 30,000 habitants, et plus de 40 grandes fabriques dans toutes les branches de la verrerie; qu'en récompense de ses hauts faits industriels et artistiques, la République lui accorda le privilége de battre monnaie à ses propres armes communales, et qu'elle donna même à ses ouvriers le droit de s'unir aux familles des fiers patriciens, en même temps qu'elle conférait la noblesse à leurs enfants. Aujourd'hui tout est bien changé. Mais aussi qui ne serait heureux de voir les descendants des grands maîtres, ressaisissant les vieilles traditions, faire renaître la vie et l'éclat dans ce malheureux pays? Un tel rêve n'est pas irréalisable : ces hommes conservent l'empreinte de leur origine et sont encore capables de grandes choses. Un fils de la Vénétie devait sentir, plus que tout autre, l'utilité d'une telle rénovation : on comprendra donc sans peine que j'aie voulu me consacrer à cette belle tâche de faire revivre des arts, dans la pratique desquels mon pays peut conquérir encore une glorieuse et lucrative prééminence sur les manufactures étrangères, je veux dire :

seils de l'illustre voyageur Marco Polo, qui connaissait à fond les goûts et les besoins des habitants des deux hémisphères.

Dès lors on ne s'arrêta plus dans la marche glorieuse des découvertes et des perfectionnements; les œuvres étonnantes des artistes de Murano, admirées et recherchées du monde entier, tentèrent même les barbares, qui vinrent apporter leur poudre d'or, leurs dents d'éléphants, leurs parfums et leurs peaux d'animaux, en échange du sable vénitien, transformé par le travail et le talent en ouvrages précieux. C'est à cette race d'hommes, douée d'une intelligence supérieure et d'une patience à toute épreuve, que l'on doit les productions qui font aujourd'hui les plus beaux ornements des grandes collections artistiques, et les splendides décorations des monuments les plus célèbres du moyen-âge, savoir : les imitations de perles, de marbres, de pierres précieuses, y compris la chalcédoine et l'aventurine; les verres colorés et peints pour vitraux d'églises; les émaux pour mosaïques; les verres soufflés pour les usages domestiques et pour l'ornementation; les glaces pour miroirs; les lustres, les candélabres décorés, avec feuilles et fleurs en verre, etc. C'est donc avec un juste sentiment d'orgueil national, de respect et de reconnaissance, que nous répétons les noms à jamais célèbres de Beroviero père et fils, qui, sur les sollicitations des seigneurs de Ferrare, Milan, Florence, Naples et même du sultan de Constantinople, obtinrent, par faveur spéciale de la République, de se rendre dans ces pays pour y faire connaître leurs merveilleux produits et donner une idée de leurs procédés; des frères Luna, qui jouirent du même privilége vers la moitié du dix-septième siècle, et furent honorés de l'amitié de Cosme II, grand-duc de Toscane; des Bertilini, des Briati, et dernièrement, pour ne pas les citer tous, de la famille Miotti (dix-huitième siècle), à laquelle est due la production, aussi inconstante que ravissante, de l'aventurine artificielle.

l'art des *verres soufflés* pour les usages domestiques et de luxe, et l'art des *verres colorés* pour vitraux.

Rien de plus naturel, d'ailleurs, qu'un pareil désir dans la situation qui m'était faite. Grâce surtout aux connaissances spéciales et à l'expérience d'un verrier digne d'éloges, Laurent Radi, j'avais déjà réussi à produire toutes espèces d'émaux colorés pour les mosaïques, et ce premier succès m'encouragea dans mon œuvre de revivification ; grâce aussi aux nobles efforts tentés par quelques-uns de mes concitoyens, et, en particulier, par MM. Bigaglia, Bussolin, Zecchin, pour reprendre la fabrication des anciens filigranes, efforts qui avaient eu pour résultats d'entretenir le sentiment artistique et l'habileté pratique parmi des ouvriers condamnés, sans cet appui, à perdre leurs qualités natives dans la production d'objets vulgaires ; grâce à ce concours, dis-je, j'ai pu réunir un certain nombre d'hommes qui, joignant à l'amour du beau une dextérité remarquable et regardant l'avenir avec confiance, ont constitué le noyau nécessaire pour mener mon entreprise à bonne fin (1).

Ces explications me semblaient indispensables pour bien faire comprendre au public les motifs qui m'ont poussé à réaliser mes idées de rénovation. Ces préliminaires étant posés, j'entre dans le vif de la question.

La dénomination de *verre soufflé*, qu'on donne au verre vénitien, n'est certainement pas suffisante pour donner une idée exacte de sa nature et de ses caractères spécifiques. Il est soufflé,

---

(1) Tout dernièrement encore, les efforts de l'abbé Vincent Zanetti, agissant au nom du musée de Murano, et de M. Antoine Collèoni, chef de l'administration communale, n'ont pas peu contribué à communiquer une vive impulsion à l'industrie de la verrerie dans cette ville.

Au nom de l'art et du pays, je suis heureux de citer, parmi les mesures généreuses dues à l'initiative de ces deux hommes : 1° l'institution à Murano d'un musée industriel, archéologique et artistique ; 2° la commande, faite aux meilleurs ouvriers souffleurs du pays, que j'ai plus tard attachés à ma manufacture, du lustre le plus considérable et le plus grandiose obtenu jusqu'à ce jour en verre soufflé (lequel est maintenant exposé, par les soins du Musée, dans la salle des Concerts ou salle Suffren), afin de développer leur habileté dans ce genre de travail ; 3° enfin la fondation d'une Exposition publique des produits modernes de la verrerie, avec distribution de récompenses aux plus méritants, dans le but d'exciter parmi les exposants une noble émulation et l'amour d'un art déjà trop négligé.

Pour ce qui me regarde personnellement, je dois aussi payer un juste tribut de reconnaissance à MM. Zanetti et Colleoni, dont les sollicitations, les conseils et l'appui, ont été d'un grand poids dans ma détermination de restaurer l'art des verres soufflés : entreprise qui n'était, il faut l'avouer, que la réalisation de leurs longs rêves et de leurs plus chers désirs.

rien n'est plus vrai, tandis que les verres des autres nations sont essentiellement coulés, moulés, taillés, etc.; mais cette distinction n'est pas propre à faire ressortir nettement les propriétés différentes des deux sortes de verres. S'il m'était permis de créer une expression plus juste, je réserverais le nom de *verre* pour les produits des manufactures vénitiennes, et j'appellerais *cristal* ou *verre cristallifié* celui des manufactures étrangères.

Ce n'est pas ici le lieu d'entamer une discussion critique et raisonnée pour démontrer la supériorité du verre vénitien sur les autres verres : la réclame est contraire à ma nature et n'est jamais entrée dans mes habitudes. Je laisse donc chacun parfaitement libre dans ses appréciations, d'autant plus qu'en matière de goût, tout homme a ses convictions, que ne peuvent ébranler ni les arguments de la logique ni les raisons artistiques les plus convaincantes. Ce que je me propose en ce moment, c'est d'établir clairement la différence qui existe entre le verre de Venise et les verres d'autres provenances, et d'énumérer les qualités caractéristiques du verre connu sous le nom de *verre soufflé vénitien* ou *verre de Murano*.

Ce qui caractérise essentiellement les verres bohémiens, français, anglais, etc., c'est leur grande transparence et leur brillant, qualités qu'ils possèdent au plus haut degré et qui atteignent aujourd'hui l'apogée de la perfection. En résumé, les fabricants étrangers n'ont qu'un but : imiter le cristal. C'est pourquoi, après avoir obtenu les qualités qui viennent d'être mentionnées, ils s'attachent à rendre leurs produits attrayants en les taillant, après les avoir coulés, et en obtenant, par ce travail mécanique, la richesse, la variété des formes et la vigueur des contours, qui seules peuvent en assurer le débit. Dans ce cas, celui qui se laisse entraîner par l'illusion du premier instant peut bien être séduit et un moment satisfait; mais il n'en est pas de même de l'artiste et en général de toute personne qui, lorsqu'elle acquiert un objet quelconque, aime à retrouver dans la matière toutes les qualités qui sont inhérentes à sa nature même, qui constituent son essence propre, qui font enfin que cette matière est elle-même et non pas une autre décorée du même nom. Dans l'espèce, cette personne doit nécessairement se dire que, pour avoir voulu *cristalliifier* le verre, on a changé sa véritable nature, qu'on l'a détourné de sa destination et qu'on l'a privé des avantages résultant de ses deux qualités essentielles : la *légèreté* et la *ductibilité*. Le verre vénitien possède tous les caractères du *verre*. Sa *légèreté* — qu'on ne peut mettre en doute — est le résultat de procédés bien différents de ceux qu'ont adoptés les autres nations dès la moitié du dernier siècle pour lui donner la consistance, la raideur, et par suite la transparence et le brillant qui sont le privilège du cristal. D'autre part, sa *ductibilité* lui permet de prendre, lorsqu'il est chaud, cette richesse et cette variété de formes et de couleurs que les ressources de l'art et la fantaisie de l'ouvrier peuvent lui communiquer.

On ne se pénètre pas assez de cette profonde vérité, qu'on arrive toujours à de fâcheuses conséquences en outrageant la nature, tandis qu'on en tire les plus belles récompenses en s'appliquant à étudier et à satisfaire ses besoins. De même une femme charmante, mais noble et fière, se révolte et punit le téméraire qui heurte brutalement ses instincts et ses justes aspirations; mais elle se laisse subjuguer par la délicatesse exquise et raffinée qui demande tout sans rien exiger.

Dès qu'on a voulu contrarier la nature et faire du verre un pseudo-cristal en employant des matières lourdes et réfrigérantes, pour lui donner la transparence et l'éclat, on lui a ravi tous ses charmes, c'est-à-dire son extrême légèreté, remarquable dans les objets même les plus compliqués, et la facilité avec laquelle il se prête aux manipulations par la lenteur de son refroidissement.

Chacun sait à quel degré de perfection sont arrivés les Vénitiens dans la fabrication des verres destinés aux usages domestiques et à la décoration des meubles, salons, boudoirs, etc. Durant plusieurs siècles, et surtout au quinzième et au seizième, point de table ou de dressoir à l'usage des souverains, qui ne soit fourni par les verreries de Murano; aujourd'hui même, il n'est pas de riche collection, publique ou privée, qui ne soit fière de posséder quelques-uns de leurs produits, acquis à des prix fabuleux. La raison de cette supériorité est bien simple. Les anciens verriers de Murano possédaient les deux éléments essentiels pour faire de leur industrie un art et de leur art une industrie. En première ligne, ils avaient la matière première, qui se pliait admirablement à leurs besoins et à la nature de leur travail : en effet, la grande ductibilité de leur verre était merveilleusement propre à réunir, dans le même objet, une extrême légèreté, un éclat spécial, et une apparence vitreuse toute particulière ; en même temps, elle donnait à l'ouvrier le loisir d'intercaler dans les parties incolores toutes les nuances que la science et l'expérience avaient su découvrir, et d'imprimer à l'objet, maintenu dans un état de fusion partielle, toutes les formes plus ou moins capricieuses, mais constamment élégantes, que son talent, son goût et sa fantaisie lui suggéraient.

Le second élément, mais non pas le moins précieux, était ce sentiment artistique, cet instinct propre au pays et à la race, cet amour de son art profond et véhément, qui faisait de l'ouvrier de Murano un véritable artiste, et l'élevait de l'état de manœuvre à celui de créateur.

Il faut bien le reconnaître : dans mes manufactures, et grâce à l'association de ces deux éléments, l'ouvrier intelligent et patient n'exécute pas, il crée ; tout ce qui sort de sa main est un jet artistique spontané. Et quelle fécondité, quelle rapidité dans la création des types ! Dès que l'idée d'un nouveau type est conçue, elle est réalisée: en sorte qu'on produit dix, vingt, cent types différents en bien moins de temps qu'il n'en faut, dans les manufactures de verre coulé, pour tourner le moule d'un nouvel objet.

Non-seulement il y a création dans les types, mais il y a aussi création, ou au moins originalité, dans chaque reproduction du même type. Il est presque impossible, en effet, que deux pièces entièrement exécutées par la main de l'homme soient absolument semblables. Il s'ensuit que chaque objet possède une originalité qui lui est propre. De sorte que l'acheteur qui, entre plusieurs exemplaires d'un même objet, en choisit un quelconque, peut se dire que personne n'en possède un pareil, et se vanter d'avoir acquis une pièce à laquelle son cachet d'individualité donne une véritable valeur artistique. Si au contraire il en achète plusieurs exécutés d'après le même type, il y trouvera ce charme que la nature a su réaliser en faisant les feuilles d'un même arbre toutes semblables, mais jamais pareilles.

Si l'on se rendait bien compte de toutes les difficultés vaincues pour obtenir ces formes élégantes qui nous charment dans les verres soufflés, on resterait confondu d'admiration et de reconnaissance pour les créateurs de ces merveilles qui sont autant de tours de force. Ce qu'il faut de patience, d'habileté, de prévoyance et de vivacité, dans la main comme dans l'esprit, pour parer aux mille éventualités de la fabrication, est impossible à décrire. Qu'on songe que toutes les manipulations du verre s'accomplissent par l'action du feu, à laquelle une pièce quelconque est soumise plusieurs fois (même jusqu'à 50 ou 60 fois successivement) avant d'être parachevée, et que ce même foyer qui vient de permettre à l'ouvrier d'animer la matière peut, un instant après, anéantir son travail, par le ramollissement du verre et par le changement de forme qui en est la conséquence ; qu'on se représente cet homme, obligé souvent de renoncer à la forme qu'il se proposait pour en réaliser une autre que lui inspirent les nécessités du moment ; et l'on reconnaîtra avec moi, non-seulement qu'il faut un immense talent pour triompher de pareils obstacles, mais encore qu'il est quelquefois plus difficile d'obtenir une beauté ordinaire dans cet ordre de travaux, que d'atteindre le plus haut degré de perfection dans les autres productions de l'industrie humaine, telles que celles par exemple de la porcelaine, de la faïence, et même, dirons-nous, de la gravure, de la sculpture, etc., où l'ouvrier, ou l'artiste, agissant sur des matières froides, obéissantes, peut prendre son temps et caresser son œuvre jusqu'à ce qu'il en soit complétement satisfait. De même que le poëte, dans un élan de son âme, improvise un sonnet, né de l'entraînement des circonstances, de même l'ouvrier souffleur conçoit et exécute à tout instant des impromptus artistiques dont les qualités doivent être autrement solides que celles de l'impromptu poétique ; car celui-ci passe comme un souffle et n'éveille l'attention qu'un moment, tandis que les premiers affrontent la critique du monde entier, même dans la postérité la plus reculée.

C'est à l'aide de ces ressources savamment employées que Murano a su conquérir une si grande réputation. Son verre, doublement animé par le souffle du corps et par celui de l'esprit, est tout simplement travaillé au moyen d'un tuyau ou *canne* en fer, de quelques paires de pincettes ou ciseaux, et de quelques autres outils tout à fait communs. Sous la main de l'ouvrier, il prend toutes les formes imaginables et toutes les nuances possibles, charmant l'œil à la fois par l'élégance des contours et la beauté des couleurs. C'est ainsi que sont devenus fameux les divers procédés mis en œuvre pour donner au verre ces apparences si charmantes et si étonnamment variées que tous les amateurs connaissent, c'est-à-dire la *filigrana*, les *ritorti*, le *latticinio*, la *fiamma*, les *millefiori*, la *calcedonia*, la *ghiaccia*; c'est ainsi encore que sont devenues proverbiales, soit pour l'originalité de l'invention, soit pour la délicatesse et la perfection des tons, les couleurs du verre vénitien connues sous les noms de *girasole* (opale), *lattimo*, *rubino*, *alabastro*, *giallo d'oro*, *acqua marina*, etc.

Heureusement pour l'art et pour mon pays, le feu sacré que Murano y avait jadis si religieusement entretenu n'était pas encore éteint. Il s'était graduellement affaibli, faute d'aliments; mais il ne fallait qu'un souffle pour le revivifier et faire jaillir encore la flamme inspiratrice.

« Murano — disait dernièrement un écrivain, d'autant plus impartial qu'il est étranger — produit une race d'hommes qui semblent encore appelés à un grand avenir. Quoique les malheurs politiques de Venise l'aient fatalement conduite à l'oubli de ses principaux secrets et de ses procédés artistiques; quoiqu'ils aient obligé ses ouvriers à chercher des moyens d'existence dans la fabrication d'objets vulgaires, destinés aux usages domestiques les plus simples, ils n'ont cependant pu rendre leurs mains complétement inhabiles, ni bannir à jamais de leurs esprits l'amour de la forme et de la couleur. Ces hommes ont travaillé patiemment, espérant qu'un jour enfin Venise sortirait de sa léthargie, et regagnerait dans l'Univers sa position de ville commerciale prépondérante. »

C'est précisément parce que je possédais ces convictions et ces espérances, que je me suis laissé entraîner par le vertige industriel et artistique dans lequel je m'étais déjà plongé. Jetant les yeux autour de moi, j'aperçus ces quelques hommes d'élite qui portent dignement encore les noms des plus célèbres verriers de Murano (et en première ligne Antoine Seguso et Jean Beroviero), ces hommes que la nature a si généreusement doués, et qui, convenablement dirigés, pouvaient former les premiers éléments d'une glorieuse phalange : et c'est alors que je fondai cette manufacture qui ressemble plus à une famille qu'à un atelier, et qui, surpassant mon attente, acquiert de jour en jour plus de grandeur et d'importance (1).

(1) « Ces ouvriers, — dit le *Times* du 19 octobre 1866, — graves, sérieux, avec leurs bel-

En bornant ma tâche à la reproduction, si belle qu'elle pût être, des types anciens, je n'eusse contenté qu'une faible minorité du public (les amateurs et les connaisseurs) et n'eusse donné à l'Industrie qu'une stérile satisfaction d'amour-propre, mais non une vie durable. Je devais donc aussi m'efforcer de confectionner des objets applicables aux usages modernes, abordables à tout le monde, et qui pussent être conséquemment lancés dans le grand courant de la circulation. C'est en partant de cette idée, que j'ai réalisé dans les types anciens, pris comme bases essentielles, ces modifications, ces variantes, et même ces créations qui, respectant, autant que possible, les désirs de mes commettants, approprient l'art des siècles passés à tous les besoins de la société actuelle, dont la sollicitude pour les belles choses ne saurait être mise en doute, surtout lorsqu'elle les reconnaît utiles et pratiques.

Je tends vers ce but de toutes mes forces; et, pour y parvenir, non-seulement j'invoque les lumières des connaisseurs et de tous les gens de goût, mais encore je visite les plus riches collections de verres anciens que la générosité de leurs possesseurs veut bien mettre à ma disposition (1). J'en consulte les formes, j'y fais de fréquents emprunts, et j'en reproduis même, avec toute l'exactitude dont je suis capable, les spécimens les plus merveilleux et les plus compliqués. Je m'applique à les imiter dans leurs qualités caractéristiques, c'est-à-dire dans le charme, la délicatesse des tons et la variété des couleurs; dans la légèreté, la finesse et la fantaisie des ornements; dans l'élégance, la souplesse et la bizarrerie des formes. En même temps, je poursuis sans relâche la création de nouveaux types, toutes les fois qu'il me paraît utile et avantageux de le faire : et de la combinaison des genres, des matières et des couleurs, — combinaison infinie et vraiment inépuisable, dans laquelle le talent remarquable de mes ouvriers constitue un qua-

les têtes, leurs traits fins, leurs yeux brillants et profonds, sont le noyau d'une armée qui vaudra une grande renommée à sa patrie. Ils forment, cela est visible, une troupe unie, remplie de confiance dans leur chef, attaché à faire de leurs intérêts les siens propres.... Un grand avenir semble réservé à cette branche artistique. »

(1) Je ne puis m'abstenir de nommer quelques-uns de ceux qui m'ont puissamment aidé, soit par d'excellents conseils, soit en me fournissant des dessins ou des pièces originales anciennes. Je me bornerai à citer MM. Norman Shaw, E. Cooke, lord Sommers, A. Layard, Brown. Je dois aussi avouer avec reconnaissance que les offres les plus aimables m'ont déjà été faites en France par un grand nombre de possesseurs de riches collections de verres anciens.

trième élément,— je tire des effets chaque jour nouveaux, répondant à tous les besoins. (1)

Il ne m'appartient pas — on le comprendra sans peine — de faire ici l'éloge de ma propre Manufacture qui, née depuis deux ans à peine, se trouve déjà en pleine exploitation en Angleterre et est avantageusement connue dans d'autres pays. Pourtant, si j'en juge par les magnifiques résultats obtenus, par la manière favorable dont la Presse en a parlé (2), par les demandes qui m'arrivent de toutes parts, et par les témoignages flatteurs dont m'honorent chaque jour les visiteurs de mon Exposition au Champ-de-Mars, je dois penser que j'ai réussi dans mon œuvre, et puiser dans ma conscience la douce satisfaction d'avoir ouvert, par la restauration de cet art, une source nouvelle de bien-être à mon malheureux pays.

(1) Au nombre des objets en verre soufflé (dit *l'Athénée* du 4 août 1866) que produit la manufacture du docteur Salviati, soit d'après les types anciens, soit d'après des dessins nouveaux, nous devons citer : les grands verres de table, montés sur tiges travaillées à jour, bizarrement dessinés et merveilleusement ornementés, en même temps qu'enrichis de couleurs brillantes et délicates; des tasses, des coupes pour toasts, des aiguières; des verres de table pour le service ordinaire, blancs, colorés et des formes les plus variées, depuis les coupes mignonnes, fantastiques, à larges tiges cylindriques et creuses, teintées de nuances diverses affectant complètement ou partiellement leur couleur propre, et cerclées d'anneaux blancs opaques, unis ou pointillés de couleurs nombreuses, jusqu'aux belles coupes qui, élevées sur de larges pieds et des tiges d'une délicatesse extrême, ressemblent à des fleurs épanouies et pèsent à peine autant que ces fleurs elles-mêmes; enfin beaucoup d'autres objets qui reposent agréablement la vue par leur douce teinte cornée, si fort appréciée des gens qui aiment à retrouver la véritable nature du verre dans toutes ses applications, et auxquels il répugne de voir tailler en surfaces polies et étincelantes une substance qui est vraiment une des matières les plus ductiles et les plus rigides. »

(2) L'*Art-Journal* — se faisant l'écho des éloges à moi prodigués par les journaux déjà mentionnés, — et par bien d'autres — disait au mois d'août 1866 : « Les imitations d'anciens verres vénitiens faites par le docteur Salviati sont les plus réussies que nous ayons vues jusqu'ici; il a vaincu des difficultés qui font le désespoir des artistes modernes... Tous ses produits sont des imitations si parfaites des anciens, que les collectionneurs feront bien de se tenir sur leurs gardes; car ce n'est pas chose aisée, excepté pour des juges experts, d'établir une distinction entre ces nouveaux verres et les anciens. »

La *Revue de Londres* disait, de son côté, le 4 août 1866 : « Il est hors de doute que, dans le verre du docteur Salviati, on n'atteint pas et l'on n'a même pas l'intention d'atteindre la précision stéréotypique des verres anglais. Mais il est vrai aussi que si des formes gracieuses et élancées, un beau coloris et un caractère artistique dans la matière, constituent l'excellence dans ces sortes de produits, le verre vénitien est le meilleur verre moderne qu'on ait obtenu. »

VERRES COLORÉS POUR VITRAUX

Il n'est personne qui ne sache ce que c'est que les vitraux, personne qui n'ait eu occasion d'en examiner. Soit que le simple hasard le conduise, soit qu'un sentiment religieux ou artistique l'entraîne, le visiteur qui parcourt ces églises, derniers vestiges du moyen-âge, magnifiques créations de l'art byzantin ou gothique, ne peut se défendre d'un vif intérêt et d'un profond recueillement, à l'aspect de ces fenêtres longues et ogivales, ou en forme de rosaces, qui laissent arriver dans la maison du Seigneur une lumière douce et mystérieuse, en parfaite harmonie avec le caractère sacré du monument et le ton solennel de l'ornementation générale. Ce qui le frappe tout d'abord, c'est la grande diversité dans la nature, les qualités et les combinaisons des vitraux qui ferment ces ouvertures : les uns sont complétement blancs; les autres, de couleurs variées, offrent des arrangements, parfois admirables, qui se rattachent plus ou moins au style du monument; il y en a, enfin, qui sont peints en tout ou en partie, et qui représentent, soit des ornements, soit des figures, soit les uns et les autres à la fois.

Ce n'est pas ici le lieu de faire l'historique des vitraux, ni d'entreprendre la description ou même l'énumération de tous ceux qui mériteraient une mention spéciale, par leur importance religieuse, historique ou artistique. Il n'est aucun voyageur qui, parcourant l'Europe en curieux, n'ait acquis des notions suffisantes à cet égard, et n'ait trouvé une source de fortes jouissances et de profonds enseignements dans la contemplation de ces merveilleuses productions d'un âge où l'homme fixait, incrustait, pour ainsi dire, sa pensée intime dans tout ce qui sortait de ses mains, dans toutes les manifestions de son génie, et, ne se bornant pas à produire pour lui seul, retraçait sa propre histoire, pour les générations futures, en caractères indestructibles.

Pourquoi s'élève-t-on aujourd'hui avec tant de force contre le moyen-âge? C'est parce qu'on y veut voir, avant tout, les maux engendrés par l'élément féodal, dominant une période d'enfantement où l'humanité, placée entre les âges barbares et la Renaissance, était, si l'on peut dire, à l'état de chrysalide. Mais si l'on considère qu'un autre principe, le principe religieux, était, à cette époque, plus vivant encore et plus profondément enraciné ; si l'on pense que c'est au développement de ce principe que nous devons ces grandes œuvres du moyen-âge par lesquelles nos ancêtres ont voulu l'exprimer, l'affermir, le consacrer et l'éterniser, on doit éprouver de l'admiration et de la reconnaissance pour cette ère de barbarie qui a su imprimer à ses œuvres ce cachet de beauté, de puissance et de durée que nous ne pouvons ou ne voulons pas donner aux nôtres.

Si, d'un côté, ces châteaux crénelés, hérissés de tourelles et de donjons, nous rappellent l'empire de la force brutale, exercé par une minorité omnipotente ; de l'autre, ces gigantesques entassements de pierres, vrais donjons du christianisme militant, qui, sous les noms d'églises et de basiliques, surgissaient à l'envi et, à la séduction d'un style pur et grandiose ajoutaient le charme de leurs ogives hardies et de leurs dentelures aériennes et fantastiques, ces monuments, dis-je, marquent les efforts de l'esprit se débattant sous les étreintes de la matière, et les aspirations de l'humanité vers sa régénération intellectuelle et morale, après les terribles coups portés à la civilisation européenne par les fureurs du Bas-Empire. C'est le principe religieux qui sauva l'Europe de la barbarie ; et, pour parler aux fidèles de tous les âges, il employa (malgré la résistance brutale des Iconoclastes) le langage le plus intelligible, le plus éloquent et le plus durable, c'est-à-dire les mosaïques, répandues à profusion sur les voûtes, les murailles, les pavés, et les vitraux colorés et peints, appliqués à la décoration des fenêtres.

Il semble que l'histoire des vitraux ait subi les mêmes phases que celle de la mosaïque. C'est l'éternelle odyssée des inventions humaines. On part d'une idée très-simple, et peu à peu, soit par la tendance de l'esprit à élargir son champ d'investigation, soit par celle de l'âme à reculer les bornes de ses jouissances et de ses désirs, on l'atteint l'idéal de la production, en étendue comme en beauté. J'ai déjà expliqué, dans mon rapide aperçu sur l'histoire de la mosaïque, qu'on n'employa, dès l'enfance de cet art, que des matières très-simples, avec un très-petit nombre de couleurs, combinées de la manière la plus élémentaire, pour arriver plus tard à la mosaïque *parlée*, si l'on peut s'exprimer de la sorte, qui rend tous les effets de la peinture. Eh bien, il en a été de même pour les vitraux. Ceux-ci ne furent tout d'abord qu'un assemblage de petits morceaux de verre coloré, rapportés à côté les uns des autres. Dans cet état, ils étaient déjà suffisants pour produire un des effets cherchés par la foi mystique du moyen-âge, qui s'opposait à ce que les églises fussent envahies par la lumière trop crue du soleil. Elle désirait que cette lumière fût adoucie, tamisée ; qu'elle répandît dans le temple un demi-jour, un clair-obscur, agréable à la vue par le charme de l'arrangement et de la distribution artistique des couleurs, et favorable en même temps aux épanchements d'une âme religieuse. Semblable à Moïse, qui portait sur le front un voile épais depuis que le Seigneur lui était apparu face à face dans le buisson ardent, elle voulait que la lumière émanée de Dieu n'éblouît pas trop vivement les yeux des fidèles.

Pour obtenir cet effet, le verre usité au moyen-âge devait réunir les qualités répondant au but qu'on se proposait. Il fallait que ce fût véritablement du verre, et non pas du cristal, qui agissant à la fois par sa texture grossière, par sa surface onduleuse et par l'inégale épaisseur, comme par la diversité des nuances, d'un même morceau teint d'une même couleur, forçât les rayons à se briser avant de le traverser, tout en leur permettant de passer outre. C'est précisément là ce qui constitue le caractère du verre ancien pour vitraux : c'est là ce qui le différencie du verre moderne, dont la nature se rapproche beaucoup de celle du cristal.

Nous avons déjà démontré les inconvénients de celui-ci, en parlant du verre soufflé vénitien ou verre de Murano ; nous avons prouvé qu'on n'obtient la grande transparence et le brillant du verre coulé qu'à la condition de perdre les avantages résultant de la nature et des caractères du verre proprement dit : nous n'insisterons donc pas davantage sur ce point.

Nos ancêtres comprirent très-bien la vérité de ce que je viens de dire, et résumèrent admirablement en peu de mots les principes qui doivent guider le fabricant dans la production des vitraux : « De même, disaient-ils, qu'une bonne mosaïque doit être un vitrail opaque, un bon vitrail doit posséder tous les caractères d'une mosaïque transparente. » Peut-on exprimer d'une manière plus vraie et plus simple à la fois la marche à suivre pour obtenir des vitraux tous les services qu'on en attend ?

On comprend qu'une fois lancés dans cette voie, les hommes ne s'arrêtèrent plus. Dans le cours du temps, ils s'efforcèrent d'améliorer la méthode simple et facile qu'ils avaient appliquée dès l'origine ; ils cherchèrent à réaliser d'autres effets que ceux résultant d'une agréable variété et d'une jolie distribution des formes ou des couleurs. C'est alors qu'on commença à peindre sur les vitraux, soit blancs, soit colorés, des raies plus ou moins épaisses ou serrées, d'une teinte brune ou rouge, mais toujours différente de la couleur propre du verre. On dessina d'abord des ornements et des fleurs, puis des figures qui se détachant vigoureusement (bien que les contours fussent simplement indiqués et d'une seule teinte) sur un fond uniforme, ajoutèrent à l'harmonie et à la richesse de l'ornementation générale. Pour donner à ces couleurs une fixité et une durée en rapport avec celle du verre, on exposait les vitraux à une nouvelle action du feu, de manière qu'elles se fondissent et fissent corps, pour ainsi dire, avec la matière même du verre, coloré originairement dans ses parties les plus intimes. L'ensemble de ces opérations constituait ce que l'on appelait et ce qu'on appelle encore aujourd'hui « faire de la grisaille (1). »

Mais ce n'était point encore assez pour nos pères. Ils voulaient que tout, dans la décoration des églises, eût un but religieux et

---

(1) Les premiers vitraux appliqués en France à la décoration des églises remontent au sixième et au septième siècles, comme l'attestent Grégoire de Tours et Fortunat, évêque de Poitiers. Ces vitraux, de la nature la plus simple, n'étaient autre chose que ce que l'on nommait alors des fenêtres en mosaïque. Plus tard, au treizième siècle, apparurent la grisaille et les figures ; celles-ci étaient, à cette époque, grossièrement rendues par quelques traits d'un brun noirâtre. Pour moi, qui n'ai point encore vu celles de France, les grisailles qui m'ont le plus vivement frappé sont celles (en style byzantin) de Klosterneuburg (Autriche) et (en style gothique-allemand) de l'Abbaye des Bénédictines, à Altenberg, près Cologne.

vint instruire ou confirmer les fidèles dans leurs croyances; ils voulaient que tout parlât à leurs sens, aussi bien qu'à leurs âmes, et perpétuât le souvenir de ces faits sacrés ou de ces illustres champions du dogme chrétien, dignes adeptes de cette foi vive et sainte qui les entraînait eux-mêmes dans le temple du Seigneur ; ils voulaient enfin que toutes les classes de la société, même les plus illettrées, pussent lire leur Bible sur les murailles et les fenêtres des églises, chaque fois qu'ils y tourneraient les yeux. C'est pourquoi, comme on l'avait fait pour les mosaïques, on introduisit l'usage des peintures hogiogiques sur les vitraux, pour retracer, soit les grands événements de l'histoire religieuse, soit les images des saints, sous la protection desquels on voulait, en quelque sorte, placer la lumière du soleil, avant qu'elle vînt charmer la vue et élever l'âme des croyants. Ce n'est pas à moi de dire jusqu'à quelle inconcevable perfection on est arrivé dans ce genre de décoration : il n'est pas de pays en Europe, où le culte chrétien et l'amour de l'art aient été honorés durant le moyen âge, qui n'en conserve aujourd'hui encore quelque chef d'œuvre, digne d'être admiré et étudié (1).

Après ce rapide aperçu historique, il est facile de comprendre que la matière première des vitraux, c'est-à-dire le verre, était et sera toujours une partie sinon exclusive (comme dans les verres simplement colorés), au moins très-essentielle, de tout vitrail destiné à être peint. En effet, c'est évidemment une nécessité pour le peintre de vitraux d'employer des verres dont la teinte s'harmonise bien avec les couleurs supérieures auxquelles elle doit servir de fond et constituer, comme on dit, la *teinte locale* de la peinture. Si le verre est trop transparent et trop brillant, il produit précisément un effet opposé à celui que l'on désire : au lieu de reposer et de charmer la vue, il la choque et la fatigue. Il est donc bien dé-

---

(1) Je laisse à d'autres le soin d'énumérer les titres de gloire de leur pays dans l'art des vitraux, d'autant plus que le cadre de cette brochure ne me permet pas d'entrer dans des détails à ce sujet; mais je ne puis m'abstenir de mentionner les exquis et splendides vitraux qui revêtent la fenêtre colossale de l'égl se des Saints Jean et Paul, à Venise. Ces vitraux, tout couverts de figure de saints et de légendes religieuses, sont de véritables chefs-d'œuvre artistiques, aussi bien sous le rapport de la qualité du verre, que sous le point de vue de la pureté du style et de l'exécution des peintures. Je suis fier de pouvoir assurer que ce sont là des produits entièrement vénitiens, même de Murano; car ils sont attribués, par les connaisseurs, au célèbre verrier et peintre sur verre Marino Beroviero, qui les exécuta d'après les cartons d'un peintre bien connu, Bartolameo Vivarini. tous deux enfants de Murano.

montré que la bonne texture du verre (blanc ou coloré), ainsi que la beauté, la délicatesse et la variété de ses couleurs, sont les conditions essentielles pour obtenir un bon vitrail, et que le verre qui réunit ces qualités doit obtenir les suffrages, non seulement de tous ceux qui aiment le vrai beau, mais des peintres de vitraux eux-mêmes, parce qu'il est le seul qui remplisse de tous points le but poursuivi.

C'est à Venise qu'était jadis réservé le privilége de produire les meilleurs verres pour vitraux, des verres possédant tous les caractères que je viens d'énumérer. Bien longtemps avant que le goût et les exigences toujours croissantes de la société eussent l'idée d'enrichir les vitraux par le charme d'un beau coloris, les Vénitiens avaient acquis une grande réputation dans la production des verres blancs et ronds (appelés *rulli*, à cause de leur forme) qui s'appliquaient aux fenêtres des églises et des habitations privées. Ces verres, quoique complétement blancs, n'en faisaient pas moins un fort bel effet, dû à leur disposition symétrique et à leur arrangement artistique. Pourtant ils n'avaient aucune de ces qualités qu'on s'efforce d'exagérer dans les verres de fenêtres modernes : la grande transparence et le brillant eussent été considérés alors comme de graves défauts du verre, parce qu'ils eussent manqué le but qu'on se proposait, celui d'amortir l'éclat et la crudité de la lumière.

Lorsque plus tard Murano entreprît la fabrication des verres colorés, elle leur conserva les mêmes caractères essentiels, tout en y ajoutant cette beauté et cette variété de couleurs qu'elle a portées au plus haut degré de perfection.

C'était donc bien à Murano, à Murano qui possède encore les éléments matériels et moraux d'une telle production, qu'il convenait de demander, après tant d'années d'oubli, la restauration de cet art, comme je lui avais demandé, non sans succès, la renaissance des deux arts jumeaux : celui des *émaux* pour la mosaïque, et celui des *verres soufflés*. S'il était quelqu'un au monde qui pût essayer, avec quelque chance de réussite, cette troisième restauration, c'était certainement moi qui avait déjà parcouru le champ de ces conquêtes et obtenu les résultats les plus propres à encourager mes efforts, c'est-à-dire la possibilité de produire de belles et nombreuses couleurs pour la mosaïque, et en même temps un verre qui soit l'égal du verre ancien pour la fabrication des verres souf-flés. Ce fut donc pour obéir à ce nouvel élan de mon âme, pour satisfaire ce devoir de bon citoyen, et pour apporter une nouvelle ressource à l'art et à mon pays, que j'entrepris de faire revivre cette industrie, c'est-à-dire la reproduction de verres colorés pour vitraux, d'après les procédés des anciens.

Il ne m'appartient pas de faire la description de ces verres, qu'on peut comprendre d'ailleurs aussitôt qu'on les voit. Je finirais peut-être, à mon insu, par en faire un panégyrique que la modestie me défend (1). Je préfère donc céder la parole à des juges plus compé-tents; d'autant plus que la grande autorité des personnes dont je vais rapporter les attestations fera parfaitement ressortir les qualités caractéristiques et les mérites de mes verres, tandis qu'on serait disposé à la défiance si les éloges provenaient du produc-teur lui-même.

Lettre de M. Frédéric Schmidt, Conseiller suprême impérial et royal des travaux publics en Autriche, architecte en chef de l'Église cathédrale de Saint-Étienne, à Vienne, et professeur de l'Académie des Beaux-Arts de cette ville.

A M. LE Dᵗ A. SALVIATI

Venise.

DIGNE MONSIEUR,

Je me trouve entraîné à vous exprimer mes impressions sur les verres, fabriqués dans votre établissement de Venise, que vous avez soumis à mon examen, et qui font à juste titre l'admiration des artistes et des amis de l'art.

L'inconvénient principal inhérent à toutes espèces de verres colorés destinés à la peinture sur verre, réside dans leur trop grande transparence,

(1) Sachant que la généralité du public apprécie d'autant mieux les qualités des produits nouveaux, qu'elle voit les gens, comme on dit, *du métier*, les rechercher et les employer continuellement, je crois pouvoir donner un nouveau poids à mes assertions en disant que, non-seulement en Allemagne, mais encore en Angleterre (où l'on fait, à ma connaissance, les meilleurs verres modernes pour vitraux d'église), les premiers peintres et les fabricants les plus renommés de vitraux (tels que MM. Clayton et Bell, O'Connor, Eaton Butler et Cᵉ, etc., etc.), se sont empressés d'acquérir mes produits d'essai, et ont sollicité de nouvelles fournitures, en me disant, par les plus flatteuses attestations écrites, que mon verre les satisfait parfaitement, soit à raison de sa qualité supérieure, soit à raison de son prix modéré.

qu'on ne peut détruire, même imparfaitement, qu'en dépolissant le verre sur une de ses faces. Ce désavantage sérieux se trouve aujourd'hui complétement évité dans vos verres par la merveilleuse propriété qu'ils ont de laisser passer la lumière tout en conservant leur opacité : de sorte que l'efficacité des couleurs demeure complète.

Sous ce rapport, ainsi que sous celui des teintes, que vous avez soumises à mon examen au nombre de trente (1), vos verres répondent parfaitement aux modèles que le moyen-âge nous a transmis, ainsi qu'aux nécessités moins exigeantes de notre époque.

Vos verres à forme ronde (Rulli) sont aussi d'une beauté extraordinaire.

Les tons de coloris que vous avez obtenus sont d'une diversité si multiple et d'une telle beauté, que, sans contredit, le moyen-âge ne les a pas connus.

Par l'existence de ce nouveau genre de verre coloré, la peinture sur verre recevra assurément une nouvelle impulsion : c'est pourquoi je suis fermement résolu à en faire l'emploi le plus grand, aussi bien pour l'église de Saint-Étienne que dans tous mes autres travaux.

Agréez l'assurance de ma profonde estime.

Vienne, 5 octobre 1865.

(Signé) SCHMIDT.

P. S. — Par suite des derniers arrangements pris, j'ai fait substituer l'emploi de vos verres colorés dans les vitraux de la fenêtre commandée par la ville de Vienne en commémoration du rétablissement du Bourgmestre en chef, érigée dans la nef latérale sud de l'Église cathédrale.

Vienne, 10 octobre 1865.

Lettre de M. A. Essenwein, président du musée allemand à Nuremberg, professeur, architecte.

A M. LE Dr A. SALVIATI

Venise.

DIGNE MONSIEUR,

Les spécimens de verres que vous m'avez présentés m'ont fait grand plaisir; je n'hésite pas un seul instant à vous exprimer mes vives félicitations.

Ces verres surpassent, en ce qui concerne le côté pratique, toutes les

(1) Maintenant, nous avons dépassé même le nombre de cent.

productions de même nature qui jusqu'à présent ont été essayées pour la restauration de la peinture sur verre, et dépassent de beaucoup les meilleures qualités de verre anglais, que j'ai jusqu'à présent connus, principalement vos verres roulés (Rulli), qui permettent de reproduire toutes les qualités spéciales à la peinture sur verre du moyen-âge.

Le mérite prédominant de vos verres consiste, non-seulement en ce que chaque pièce offre des inégalités de surface et d'épaisseur, mais encore en ce qu'ils présentent des nuages et des ondulations, qui, sans leur retirer rien de leur opacité, laissent à la lumière toute sa force, de manière que cette lumière, venant se briser avant de les traverser, produit par son étincelant chatoiement le brillant spécial de leurs couleurs.

En même temps que je vous exprime ma satisfaction sur l'applicabilité de votre belle fabrication à l'emploi de la peinture sur verre, je vous donne l'assurance que je ferai tout ce qui sera possible pour en généraliser l'emploi.

Agréez l'assurance de la considération distinguée de votre dévoué.

(Signé) ESSENWEIN.

Gratz, 12 octobre 1865.

ORGANISATION DE LA MANUFACTURE

Si je ne puis élever la prétention d'avoir beaucoup contribué, par mes efforts, aux progrès de l'Art, je puis du moins me flatter d'avoir accompli, en restaurant trois arts oubliés, un fait important au point de vue du commerce et des intérêts nationaux, non-seulement par la vitalité qu'ils reçoivent de ma propre industrie, mais encore par la puissance de mon exemple, qui, je l'espère, ne restera pas stérile.

Pour ceux qui s'intéressent à l'avenir économique de cette industrie, et pour répondre en même temps aux questions et aux exigences des statisticiens, je crois devoir faire connaître que la production des trois branches qu'elle embrasse va toujours croissant (à ce point qu'elle est pour le moment inférieure aux demandes des consommateurs), et qu'elle entre déjà, pour une part considérable, dans les articles que l'Italie exporte en Angleterre, en Allemagne, en Belgique, en Amérique, et maintenant même en France ; enfin, que plus de trois cents personnes se trouvent maintenant occupées dans ma manufacture. Ce chiffre est éloquent sans doute, mais j'espère arriver à des résultats plus beaux encore. Aujourd'hui que, grâce à l'appui d'un des plus grands amis de l'Italie (M. Layard, ancien secrétaire des affaires étrangères au cabinet britannique), j'ai réussi à former une Compagnie et à décupler la force de l'entreprise par le concours du capital ; aujourd'hui que mes produits, en possession de la faveur générale, sont accueillis par la France avec une bienveillance qui dépasse mon attente, il m'est permis de penser, sans être taxé de présomption, que plusieurs centaines d'artistes et d'ouvriers vénitiens viendront encore sous peu augmenter mon personnel, et pourront trouver dans un travail honorable une existence indépendante et assurée. Si l'on songe, en outre, que les progrès de la mosaïque intéressent une foule d'autres arts et d'industries qui, se combinant avec elle, partagent plus ou moins ses vicissitudes, tels que la sculpture, l'orfévrerie, l'ébénisterie, et en général tous les arts qui se rattachent à la décoration, l'horizon s'élargit considérablement, et l'on entrevoit les conséquences incalculables de l'œuvre à laquelle je me suis voué!

C'est quelque chose sans doute d'améliorer la condition matérielle de l'humanité et, en particulier, celle des classes ouvrières; mais là ne se bornent pas les devoirs de l'industriel. Le développement intellectuel et moral de ses subordonnés ne peut lui rester indifférent, et il doit s'y employer avec sollicitude. On me permettra donc de donner ici un aperçu du Règlement que j'ai introduit dans ma manufacture, et dans lequel je me suis efforcé d'appliquer les principes proclamés par la science économique moderne.

J'ai institué d'abord dans mon établissement une École de peinture destinée à former ou à perfectionner, dans l'*Ornement* comme dans la *Figure*, tous les ouvriers que j'emploie. Les maîtres de cette École sont pris, pour la plupart, parmi les professeurs de l'Académie royale des Beaux-Arts : c'est donner une idée suffisante de leur valeur. Le but économique et humanitaire de cette institution est facile à saisir. L'ouvrier qui, avant d'entrer dans ma manufacture, n'avait pu, faute de ressources, entreprendre l'étude de la peinture ou s'était vu forcé de l'abandonner pour gagner son pain de chaque jour, cet ouvrier peut, grâce à mon École, acquérir des connaissances qu'il lui serait impossible de se procurer autrement, parce qu'étant sans cesse réclamé par les nécessités de sa profession et de son existence, il ne trouverait pas le temps nécessaire pour fréquenter les Académies. C'est ainsi que, sans rien perdre de son salaire, il acquiert, durant les jours de fêtes et pendant les heures non consacrées au travail, une instruction toute gratuite, dont les conséquences profitent aussi bien à l'industriel qu'à l'ouvrier lui-même.

En effet, dès que l'ouvrier comprend, par la connaissance du dessin, le travail qui lui est confié, il l'exécute incomparablement mieux que s'il se bornait à copier machinalement un dessin placé sous ses yeux et qu'il doit fidèlement reproduire en mosaïque ou en verre. En second lieu, sa dignité d'homme se relève, parce qu'il peut se dire : *Je sais ce que je fais et je comprends pourquoi je le fais;* il aperçoit plus vite ses défauts, comprend mieux les corrections qu'on lui indique, et ses progrès sont plus rapides. En outre, l'habitude d'un travail noble et utile exerce la plus heureuse influence sur ses mœurs, et le tient éloigné des mauvaises compagnies, de la dissipation, de l'oisiveté et de la débauche (1).

En même temps, j'ai mis en pratique, d'une façon toute nouvelle, les théories propres à assurer le bien-être et le perfectionnement de l'ouvrier, et si bien développées par un éminent publiciste italien, dans un livre célèbre : « *Des Mérites et des Récompenses.* » Dans mon système, chaque ouvrier éprouve, sur son salaire de toutes les semaines, une retenue dont l'accumulation constitue un fonds de réserve qui lui est intégralement restitué à la fin de l'année. L'avantage de cette retenue, c'est que s'il tombe malade dans le cours de l'année, ou s'il justifie de quelque besoin impérieux que sa position ne lui permet pas de satisfaire, il trouve un secours efficace dans son fonds de réserve et au besoin dans celui de ses camarades, sauf à rembourser cette avance dès qu'il en est capable. Mais s'il cesse d'appartenir à l'établissement, soit volontairement, soit parce qu'il donne de justes motifs de le chasser, il perd tous droits à son fonds de réserve, qui se répartit sur celui des autres ouvriers.

J'ai imaginé une seconde retenue : c'est celle des *amendes.* Toute négligence de l'ouvrier est punie par une amende raisonnable, qui contribue à former un fonds de *récompenses.* A la fin de l'année, des prix sont distribués à ceux qui se sont distingués par

(1) *La Gazetta ufficiale di Venezia*, dans ses numéros des 17 et 18 novembre 1866, rendant compte de la visite faite à mon établissement de Venise par LL. AA. les Princes Humbert et Amédée, fils de S. M. le roi Victor-Emmanuel, et par le Prince de Carignan, alors Lieutenant du royaume, après avoir rapporté la haute satisfaction, exprimée par les Princes, de voir renaître une glorieuse industrie qui procure le pain de chaque jour à tant d'ouvriers et d'artistes, et dont le chef n'a pas hésité à les conserver tous, sans exception, même aux époques les plus calamiteuses, ajoute « qu'ils ont vivement apprécié la création, dans la manufacture, d'une école de peinture, imaginée et subventionnée par M. Salviati, et qu'ils ont exprimé le vœu qu'un aussi noble exemple, destiné à développer l'intelligence et à élever le niveau moral de la jeunesse ouvrière, fût suivi par d'autres industriels. »

leur habileté, leur activité, leur intelligence, et par les services qu'ils ont rendus à l'Art ou à la Manufacture : ces prix sont naturellement fournis par le fonds des récompenses. Les ouvriers punis ne sont pas exclus de cette distribution : ils ont droit aux récompenses s'ils ont su s'en rendre dignes par la conduite qu'ils ont tenue après leur faute.

Enfin, dans le but de répandre l'instruction élémentaire parmi les classes ouvrières, j'ai fondé dans mon établissement une École où les ignorants peuvent apprendre à lire et à écrire durant les heures que ne réclame pas le travail. Je n'ai pas voulu rendre absolument obligatoire la fréquentation de cette école ; mais, pour assurer toute l'efficacité possible à une aussi importante institution, j'ai arrêté : 1° Qu'à égalité de mérites (industriellement parlant) entre deux concurrents briguant l'entrée de mes ateliers, la préférence sera accordée à celui qui saura lire et écrire ; 2° que tous les ouvriers travaillant actuellement chez moi, ou qui viendront y travailler ultérieurement, seront tenus de savoir lire et écrire dans le délai d'un an, compté, pour les premiers, à dater du jour de la publication du présent règlement, et pour les seconds, à partir de leur entrée dans la manufacture, sous peine d'amendes ou même de renvoi définitif.

Je crois qu'un industriel ne saurait apporter trop de soins au développement intellectuel et moral de ses ouvriers. La classe laborieuse n'est-elle pas l'élément vital des nations civilisées, la source féconde de tout bien-être et de tout progrès matériel et économique? N'est-ce pas aux mains calleuses, à la docile volonté, à la prodigieuse activité des ouvriers, que les classes riches et aisées doivent la satisfaction de presque tous leurs besoins, des plus pressants comme des plus futiles? N'est-ce pas à leur intelligence, fortifiée d'une continuelle observation et d'une pratique constante, que l'humanité doit souvent ses meilleures découvertes? Et n'est-ce pas surtout par eux que les temps modernes ont vu se réaliser ces étonnantes conquêtes de l'esprit humain sur le monde physique ?

La reconnaissance, aussi bien que le soin de nos intérêts, nous fait donc un devoir de porter toute notre sollicitude sur cette portion vaillante de la société ; de nous attacher, par tous les moyens possibles, à lui rendre le travail moins pénible et plus agréable, l'existence plus douce et plus facile; de faire tous nos efforts enfin pour éveiller les bons instincts et développer les qualités des ouvriers, afin qu'ayant le cœur meilleur et l'esprit plus vif, leur capacité productive atteigne sa plus haute expression.

Paris. — Imprimerie Parisienne, L. Berger, impasse des Filles-Dieu, 5.